AF260308

L 27/72
25180

M Q

ALLOCUTION

PRONONCÉE PAR

Le Révérend Père LAJONT,

du Tiers Ordre enseignant de St-Dominique,
Directeur des Etudes à l'Ecole Albert-le-Grand, Arcueil,

AU MARIAGE DE

M. Emile MOPINOT

et de

Mademoiselle Lucie QUILLET,

À Sézanne, le 31 Mai 1869.

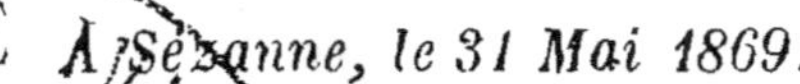

REIMS

IMPRIMERIE DE A. LAGARDE.

Monsieur, Mademoiselle,

Je voudrais être, en ces quelques paroles simples et vraies, l'interprète de Dieu, de vos familles et de vos amis.

Mais auparavant laissez-moi vous remercier, Monsieur, de m'avoir choisi pour célébrer votre mariage. Hélas ! je ne puis me défendre de ce retour ; le droit de vous parler et de vous bénir aujourd'hui revenait à un autre que moi : il appartenait par tous les titres à ce prêtre vénéré que vous aimiez et que vous avez pleuré comme un père (a). Qu'il aurait su mieux que moi vous parler de vos devoirs et de vos espérances, et faire descendre sur vous la grâce divine !

Une seule pensée me console, c'est que le ciel n'est pas aussi éloigné de la terre qu'on semble quelquefois le dire, et si cet ami vénéré dont vous avez à regretter l'absence, ne vous bénit pas visiblement, si

(a) M. l'abbé Magne, supérieur de l'Institution Saint-Vincent, à Senlis, mort à Villefranche d'Aveyron, le 29 février 1868.

vous êtes privé de sa voix affectueuse et de ses sages conseils, croyez du moins qu'il n'ignore pas cette fête de famille, qu'il n'y reste pas étranger et qu'il seconde nos vœux de ses vœux, nos prières de ses prières.

Monsieur, Mademoiselle, au moment de bénir votre mariage, je me sens ému ; vos parents et vos amis qui vous accompagnent sont attendris comme moi. Si je ne me trompe, voici la cause de cet attendrissement, de cette irrésistible émotion. C'est qu'aujourd'hui votre destinée se décide et se fixe ; il s'agit en ce moment du bonheur de toute votre vie.

Une première époque de vie va se clore et une seconde commence. Dès ce moment, les conditions du bonheur changent pour vous. Jusqu'ici votre bonheur était dispersé, si je puis m'exprimer ainsi ; il se composait de mille joies éparses, cueillies çà et là de ces mille choses charmantes et imprévues que Dieu répand sur nos premières années, comme il répand la rosée du matin, comme il donne les fleurs au printemps.

Mais à partir de ce moment, vous ne pouvez plus être heureux que l'un par l'autre.

Monsieur, c'est à vous désormais de faire le bonheur de celle à qui vous allez vous unir, son père et sa mère vous l'accordent ; elle se donne elle-même à vous pour jamais dans cette confiance. Voulez-vous me permettre, Monsieur, de m'arrêter à cette pensée qui me saisit et me touche profondément. Un père et une mère ne font qu'un rêve, et vous saurez un jour, Monsieur, tout ce qu'il y a dans ce rêve de joie et d'anxiété inexprimable ; vous saurez un jour à quelle profondeur ce rêve tient au cœur et aux entrailles de ceux qui le font, car il deviendra un jour pour vous-même l'âme de votre âme et toute la raison de votre vie..... Un père et une mère ne font qu'un rêve, un seul, c'est le bonheur de leur enfant. Et suivant que ce rêve est déçu ou réalisé, leur cœur est pour jamais déchiré ou comblé d'une joie sans cesse renaissante.

C'est ce rêve, c'est cette espérance que vous vous engagez à réaliser. Cette enfant qu'ils aiment cent fois plus qu'eux-mêmes, qui faisait l'unique objet de leurs pensées, je dis l'unique, parce que dans une famille chaque enfant est toujours aimé comme s'il était seul : l'amour d'un père et d'une mère ressemble à celui de Dieu ; il se donne sans se partager. Cette enfant dont la vue et l'affection charmaient et rajeunissaient leur vie, son père et sa mère s'en séparent ; ils vous la confient, ils vous la donnent.

Ah ! que la maison paternelle va paraître déserte ! Quel vide j'y entrevois ! Sans doute, cette enfant ne s'éloigne pas beaucoup du foyer paternel ; mais enfin, elle n'y sera pas comme autrefois toujours présente ; elle doit devenir désormais le charme, le sourire, l'amour, l'ange d'un autre foyer... Mais elle reviendra visiter la maison de son enfance ; elle y reviendra heureuse, et son bonheur réjouira cette maison un peu attristée par son absence, et son père et sa mère en la revoyant, vous béniront de leur avoir donné cette joie suprême de voir le bonheur de leur enfant.

Au reste, Monsieur, cette tâche vous coûtera peu d'efforts. Dieu vous a donné pour la remplir le nécessaire et le superflu. Vous possédez toutes les qualités qui peuvent embellir et rendre heureuse l'intimité : une aimable et spirituelle indulgence, les élans et toute la générosité de la jeunesse, unis,

chose rare, à une sage maturité, la passion
du vrai et du bien, une ravissante loyauté
de caractère, enfin je ne sais quoi de doux,
d'élevé et de délicat dont votre nature
semble faite et qui vous gagne toutes les
sympathies.

Ces attrayantes qualités me semblent
d'ailleurs des dons héréditaires et comme
des traits de famille, car il m'a suffi de
quelques instants pour les reconnaître dans
les personnes de votre famille qu'il m'a été
donné de voir.

Les plus heureuses influences ont déve-
loppé ces heureuses dispositions, et je crois
acquitter, Monsieur, une double dette de
votre cœur, en rappelant ici particulière-
ment ce que vous devez et à votre respec-
table aïeul dont les premières leçons n'ont
pu s'effacer de votre mémoire reconnais-
sante et en qui vous admirez l'exemple
d'une longue carrière toute consacrée à la
pratique du bien et du dévouement (a) ;
et aussi ce que vous devez à ce maître bien
aimé dont je rappelais tout à l'heure le

(a) M. Regnault, Notaire honoraire, Maire de Fismes
(Marne.)

souvenir : âme exquise qui a laissé son empreinte sur votre âme.

Et vous, Mademoiselle, vous devez en retour rendre heureux celui qui s'unit à vous, qui s'engage dans la loyauté et la générosité de son âme à vous protéger de sa force et à faire votre bonheur.

La femme est pétrie de douceur et d'amour, là est son charme et sa toute-puissance : l'homme est doué de force, c'est son partage, son attribut. Mais je vais, Mademoiselle, vous dire un secret ; je vais vous faire une confidence. Sous cette force de l'homme, sous cette fierté apparente, il y a parfois des tristesses et des découragements qu'il n'avoue pas aux autres, qu'il s'avoue à peine à lui-même. C'est pourquoi Dieu a placé la femme à côté de lui, et il a donné à la femme une sorte de seconde vue, passez-moi l'expression ; il lui a donné une merveilleuse clairvoyance de cœur pour deviner ses plus secrètes tristesses et un merveilleux pouvoir pour les consoler.

Et puis l'homme a une rude tâche à accomplir, le poids du jour est quelquefois bien lourd pour lui ; l'homme sort tous les matins, dit l'Ecriture, pour aller à son travail. L'homme doit souvent sortir, quitter son foyer, se séparer de ce qu'il aime pour remplir sa tâche, et il est jeté dans le bruit, dans la lutte, au milieu de la mêlée des choses humaines, où il est souvent blessé. La femme, elle, reste au foyer pour l'attendre, pour offrir un repos à ses fatigues, pour lui prouver qu'il y a encore un peu de bonté et d'amour sur la terre, pour lui dire quelques-unes de ces douces paroles qu'elle seule sait dire, pour lui ouvrir un cœur où il se réfugie en sûreté, un cœur qui ne le trahisse jamais, qui ne l'abandonne jamais, qui l'aime d'un inépuisable amour.

Tel est le rôle de l'épouse et de la mère, telle est la mission, Mademoiselle, qui sera la vôtre dans le mariage.

J'ai le très vif regret, Mademoiselle, de vous connaître à peine, vous et votre excellente famille, et je n'ai point le droit de parler de ce que j'ignore, de ce que je n'ai pu qu'entrevoir, je m'exposerais à rester trop loin de la vérité. Je me permettrai cependant, à l'égard de votre famille, de rendre, par un seul mot, la vive impression que j'en ai reçue : on y respire l'honneur et la bonté.

Pour vous, Mademoiselle, les souvenirs de votre passé, mais je m'exprime très mal, à votre âge, on n'a pas encore de passé, on n'a que les premiers sourires et toutes les promesses de la vie, les souvenirs, dis-je, de vos premières années, l'unanime affection qui s'attache à votre personne ; ce que j'ai ouï dire et ce que j'ai vu, tout assure que vous rendrez au centuple le bonheur qui vous sera donné.

Il serait, certes, bien difficile de ne pas répandre à profusion le bonheur autour de soi, quand à la grâce extérieure viennent se joindre tous les agréments de l'esprit et les plus délicates inspirations d'un cœur bon et dévoué. Si pourtant vous éprouviez malgré tout quelque secrète appréhension, si vous vous défiez trop de vous même, souffrez que je vous rassure en vous disant qu'aux natures vraiment privilégiés, aux natures parfaitement belles, Dieu a fait un dernier don ; il ajoute encore un charme, le plus aimable et le plus rare de tous, celui de la modestie et de l'ignorance de soi-même ; souffrez enfin que je vous le prédise, l'ave-

nir vous revèlera en vous même des res-
sources, des trésors dont vous seule serez
surprise.

Ai-je besoin de vous dire à quelles conditions Dieu a placé ce bonheur que vous
devez trouver l'un près de l'autre, l'un par
l'autre ? Toutefois, je prononcerai les deux
mots sacrés (je sais que vous êtes dignes de
les entendre), les deux mots sacrés qui ré-
sument toute existence bénie et digne d'être
récompensée de Dieu ; les deux mots qui
sont la loi de la vie et lui donnent ses vraies
joies, sa grande poésie, son efficacité, son
utilité, sa noble réalité : le devoir et le sacrifice.

Aimez-vous toujours d'une affection con-
stante et sainte, et tous les devoirs que
votre nouvel état vous impose seront ac-
complis.

J'ai prononcé le mot de sacrifice, et il
le fallait bien, à moins de vous taire une
partie de la vérité. Car enfin, vous n'êtes
pas dans le ciel, vous êtes sur la terre, où
les larmes, dit le sage, sont près du sourire
et où la joie n'est jamais complètement sé-
parée de la tristesse. Et, d'ailleurs, le Dieu
qui va vous bénir est le Dieu de l'autel,

c'est le Dieu du Calvaire ; si donc sous les grâces d'intime union, de paix, de félicité, d'indissoluble amour dont il va vous combler, il cache une parcelle de sa croix, vous êtes trop éclairés, vous êtes trop chrétiens pour vous en étonner et vous en plaindre.

Maintenant, Monsieur, Mademoiselle, que me reste-t-il à dire? qu'à vous exhorter à incliner humblement la tête et à dilater vos cœurs pour recevoir la bénédiction du Dieu de vos pères, afin que cette bénédiction descende sur vous dans sa plénitude et se répande au loin sur ceux qui doivent naître de vous.

Rien ne remplace la bénédiction de Dieu, et rien n'y supplée sans elle ni les dons extérieurs, ni les qualités de l'âme ne suffisent à assurer le bonheur.

Vous êtes entourés de la tendresse la plus vraie, la plus profonde, la plus dévouée ; cette tendresse, je l'espère de la bonté de Dieu, vous entourera et vous protégera encore longtemps, et pourtant cette tendresse elle-même reste faible et insuffisante par quelque côté, sans la grâce et la protection de Dieu.

Recevez donc dans son abondance la bénédiction de Dieu ; elle sera la lumière et la force de vos jours à venir, elle sera le principe de tout ce qu'il y aura de bon, d'heureux et de désirable dans le cours de votre vie. Recevez avec foi et respect le grand sacrement où cette bénédiction est déposée, et ce sacrement deviendra pour vous comme une source toujours ouverte et jaillissante de grâces et de secours.

Offrez à Dieu votre jeunesse, votre affection, vos serments, parce qu'il donne à toutes ces choses le sceau et la force de l'immortalité ; offrez-lui tout ce que vous aimez pour qu'il le garde, car lui seul est assez puissant pour le garder, tout ce que vous désirez et espérez, pour qu'il l'accomplisse, car lui seul peut l'accomplir.

Oserai-je en terminant faire un retour sur moi-même. Un jour en voyant ou en apprenant la félicité que Dieu et vos vertus vous auront faite, me permettrez-vous de penser que j'y ai peut-être contribué par mes souhaits de prêtre et d'ami, par mes prières, par la bénédiction que je vais vous donner et par l'efficacité de l'adorable sacrifice que je vais offrir au Seigneur pour vous ?